LA
LANGUE MAGYARE

SON ORIGINE

SES RAPPORTS AVEC LES LANGUES FINNOISES OU TCHOUDES

SES PARTICULARITÉS, ETC.

PAR

CHARLES-EUGÈNE UJFALVŸ DE MEZÖ-KÖVESD

Professeur au Lycée de Versailles.

VERSAILLES

IMPRIMERIE DE E. AUBERT

6, avenue de Sceaux, 6.

1871

LA
LANGUE MAGYARE

SON ORIGINE

SES RAPPORTS AVEC LES LANGUES FINNOISES OU TCHOUDES

SES PARTICULARITÉS, ETC.

PAR

Charles-Eugène UJFALVŸ DE MEZÖ-KÖVESD

Professeur au Lycée de Versailles.

<hr>

VERSAILLES

IMPRIMERIE DE E. AUBERT

6, avenue de Sceaux, 6.

—

1871

A

MON CHER AMI

ROBERT WURZEL

CAPITAINE DANS L'ARMÉE AUTRICHIENNE

ET PROFESSEUR A L'ACADÉMIE MILITAIRE DE WIENER-NEUSTADT.

———

HOMMAGE AFFECTUEUX

LA
LANGUE MAGYARE

I

Origines de la langue magyare.

Nous savons aujourd'hui que les peuplades de quatre migrations successives, les Thraco-Pélasges, les Celtes, les Germains et les Slaves, parlaient toutes des langues issues de la même souche. L'antique Aryah est la mère de tous ces idiomes, et nous comprenons ces différents peuples sous le nom collectif d'Indo-Germain. La langue sanscrite proprement dite n'est que la sœur aînée qui se rapproche le plus de la langue mère. Quant aux langues autochthones de l'Europe, nous ne savons pas encore au juste si le basque et le finnois en font partie. Un grand savant a trouvé des points de contact entre le basque et le finnois, et de cette manière entre le basque et le magyare. L'hypothèse que ces trois peuples auraient une origine commune s'affermit de jour en jour davantage.

Les Basques et les Finnois peuvent être considérés comme les autochthones de l'Europe ou du moins descendants d'une migration de beaucoup antérieure à celle des Thraco-Pélasges.

Il est avéré aujourd'hui que les peuples finnois qui occupent maintenant le nord de l'Europe habitaient autrefois comme population puissante et laborieuse le centre de notre continent, et ce sont probablement les peuples venant de l'Asie qui les ont refoulés vers le Nord, où le climat a exercé une si grande influence sur leur constitution physique. Quelle différence n'y a-t-il pas encore aujourd'hui entre les Lapons et les Esthoniens, ce qui n'empêche pas que leurs langues ne soient des idiomes nés de la même souche.

Les Basques ont, d'après toute probabilité, encore précédé les Finnois ou se sont du moins séparés d'eux de très bonne heure. Leur langue ressemble probablement encore plus à la langue mère, car le parler basque est un type tout à fait isolé, et les langues finnoises ou tchoudes ne s'en rapprochent que médiocrement. Il n'est pas dans notre intention de discuter les ressemblances qui peuvent exister entre le Magyare et le Basque ; un écrivain d'une grande érudition et d'une compétence incontestable en pareille matière, le prince Lucien Bonaparte, a traité victorieusement ce sujet et a fait valoir des raisons qui ont dû attirer la juste attention de tous les linguistes. Mais quant aux analogies qui existent entre le magyare et le finnois, elles sont si évidentes que nous nous proposons d'en faire ressortir plus tard les points capitaux.

Un savant philologue a jadis émis l'opinion suivante sur le magyare : « La langue magyare est une agglomération d'un grand nombre de débris d'autres langues, et il faudrait la dépouiller entièrement de ses éléments étrangers pour prouver le contraire. L'homme qui se vouerait à cet immense travail ne s'est pas encore trouvé, il se trouvera peut-être ! etc. » Toujours est-il que nous ne pouvons admettre cette singulière supposition. Il est facile de reconnaître de prime abord les mots d'origine étrangère, et encore plus aisé de constater les tournures de phrases venues par le contact avec les peuples limitrophes (comme les Turcs, les Allemands, etc.). Mais quant à la grammaire, elle est typique et ne se rapproche d'aucune autre langue, le finnois excepté. Etant prouvé que les Magyares n'ont pas eu de rapports avec les peuples tchoudes depuis plus de mille ans, cette ressemblance, si elle n'est pas accidentelle, doit trouver son explication dans une origine commune des deux langues. Toutes les recherches faites jusqu'à présent par de célèbres linguistes ont prouvé que cette ressemblance n'était pas et ne pouvait pas être l'effet d'un simple hasard. C'est pourquoi nous soutenons que le magyare, la langue natale des descendants des Magyares qui habitent depuis le xiᵉ siècle la Hongrie et la Transylvanie, est un rameau complétement isolé de la grande race des langues : tchoudes, finnoises, tartares, touraniennes, ouraliennes ou altaïques.

Les Hongrois s'appellent eux-mêmes *Magyar*, dénomination qui a été confondue à tort dans leurs anciennes œuvres avec *Mager*, *Moger*, *Meger*, tandis que les plus antiques sources de l'Orient, celles de l'Empire byzantin (1), les appellent *Turc* (*Turken*), et les sources de l'Occident Hungari. A plusieurs reprises déjà on a essayé

______
(1) Voir *Constantin Porphyrogenète. De Adm. Imp.*

de trouver la signification de cette dénomination sans arriver à un résultat certain.

Ne pouvant pas admettre la supposition sans fondement du point de vue historique et étymologique de Ostrokocsi (1), Horvath (2), et Dankovszky (3), nous constaterons seulement que tous les anciens historiographes identifient les Hongrois avec les Huns et reportent l'origine du mot *Hungarus* au nom *Hun*. Ainsi, dit l'historien hongrois Géza : *Menroth gigans duos filios generavit, ex quibus Hunni sive Hungari exorti sunt*. Même les noms de deux fils de Menroth lui sont connus : *Cum autem Hunor et Magor Menroth essent primogeniti...* Un autre historien, Ipolyi (4), va plus loin encore ; il soutient avec le plus grand sérieux que les noms des deux fils de Nemrod s'identifient avec les deux noms des races : Huns et Magyares, qu'ils sont les aïeux des deux peuples différents, et qu'il faut lire *Hunni et Hungari* à la place de *Hunni sive Hungari*.

Qui est-ce qui ne trouvera pas une analogie surprenante entre cette tradition fantaisiste et la légende slave d'après laquelle les frères *Tchèque, Lèque* et *Russe* sont les aïeux des trois grandes races slaves : tchèque, polonaise et russe (5).

Le célèbre connaisseur des langues finnoises, M. A. Castren , parle dans ses cours sur le premier domicile

---

(1) *Origines Hungaria origo et antiquitas e veterum monumentis et linguis præcipius panduntur*. Pars I et II, Franequeræ, 1693.

(2) *Rajzolatok a magyar nemzet' legrégiebb történeteibœl*. Pesten, 1825.

(3) *Hungaræ gentis avitum cognomen, origo gemina, sedesque priscæ ducentibus græcis scriptoribus coævis dedectæ*. Posonii, 1825.

(4) *Magyar Mythologia*.

(5) De même on fait descendre les trois grandes familles des langues sémitiques, chamétiques, japhétiques et ariennes des trois fils de Noé. Le sémitique, comme souche de l'hébreu, de l'arabe, etc.; le chamétique, comme souche du libien, du copte, de l'ancien égyptien, etc., et

du peuple finnois (1), de la manière suivante : « Laissant de côté plusieurs autres preuves évidentes qui pourraient puissamment corroborer ce que je viens de dire sur l'origine des Finnois des contrées environnant l'Altaï, je veux seulement faire remarquer qu'on trouve encore aujourd'hui des branches de la race finnoise dans ce lieu antique. Ce sont les Ostiaks et Vogoules, plus souvent connus sous le nom commun de Ouïgoures ou Yougoures. Ils habitent tout le long des bords de l'Obi et de l'Irtich, et on en rencontre aussi des traces certaines près de la source de ce dernier fleuve. Cette même contrée fut habitée jadis par une race turque, les Ogoures ou Yogoures qui, à cause de la proximité des Finnois, fut souvent confondue avec eux, d'où le nom d'Ouïgoures ou Yougoures. Le nom des Magyares est de la même origine, aussi le peuple hongrois compte-t-il les Vogoules et les Ostiaks parmi ses parents.

Hunfalvi (2) est du même avis, en prouvant, à l'aide des langues congénères, l'identité des racines : uj, jog, mog, mag, et constate que le mot ouïgour (ujgur)-moger signifie : l'allié (3).

Mais c'est sans contredit Schott (4) qui, le premier, emploie pour l'ensemble de ces langues la dénomination de finnoises-tartares ou ouralienne-altaïques. Castren (5) les appelle langues altaïques tout court, dénomi-

l'aryah enfin mère de toutes les langues indo-germaines. Supposé la justesse de cette hypothèse, il ne sera pas impossible de trouver dans la suite des temps des points de contact entre ces trois branches principales.

(1) Helsingfors, 1849.

(2) *Magyar nyelvészet*, Ier folyam, 1, füzet.

(3) Jogur, en turc : lier, attacher ensemble.

(4) *Versuch über die finnisch-tartarischen Sprachen.* Berlin, 1836. *Ueber das altaische oder finnisch-tartarische Sprachengeschlecht*, 1849.

(5) *De affixis personalibus linguarum altaicarum dissertatis.* Helsingforsiæ, 1850.

nation qui nous paraît assez heureuse, vu qu'elle n'appartient à aucun de ces peuples en particulier et qu'elle nous indique la première demeure de cette race puissante dont l'habitation primitive se trouvait près de l'Altaï, d'après les traditions finnoises, turques, mongoles et même magyares. Müller (1) enfin appelle ces langues des langues touraniennes, en opposition des langues ariennes, sémitiques, etc., et nous sommes parfaitement de son avis ; la Touranie ayant été de tout temps le centre de leur habitation première, d'où elles sont parties semblables à des rayons parcourant une grande partie du monde moderne.

De l'immense étendue qu'occupe cette race, Schleicher (2) nous trace un tableau vraiment grandiose :

« Cette race, dit-il, s'étend jusqu'aux confins de l'Asie du Nord-Est les plus reculés. Elle embrasse les Toungouses (Mandchoues), les Mogols. Ces deux peuples, à une petite exception près, qui se trouvent au nord des monts Caucases, n'habitent que l'Asie et donnent la main à la nombreuse famille des langues turques, célèbres par leur antiquité et leur pureté. Les Turcs commencent au bord du Lena avec les Jacoutes, se resserrent dans les parties orientales de la Haute-Tartarie sous le nom de Ogoures ou Yogoures, comprennent les Kirghizes, les Turcs de la Sibérie et les Turcomans et s'étendent jusqu'au sein de la Russie européenne. Là, divisés en plusieurs peuplades et parlant différents dialectes, ils prennent le nom de race tartare. Des rameaux détachés de la masse entière s'étendent davantage vers l'Occident

____

(1) *Suggestions for the assistance of officers in learning the languages of the seat of war in the East.* London, 1854.
(2) *Sprachen Europas.*

dans le Caucase, dans la Crimée et dans l'Asie-Mineure. De là, les Turcs ont pénétré en conquérants jusque dans l'Europe méridionale, dans le territoire des langues grecques, albanaises et slaves du midi, et ont fondé autant de petites colonies enclavées dans ce territoire.

« Le nord de la Russie européenne et asiatique est occupé par les Samoïèdes sur les bords de la mer Glaciale (de la mer Blanche jusqu'à l'embouchure du Lena); Schott (1) compte leur langue au nombre des langues tartares, plus particulièrement finnoises. Aux limites de l'Europe, des deux côtés des monts Ourals, se trouvent réunis dans un seul tronçon les différents dialectes congénères appelés : finnois de l'est. Le finnois de l'ouest (le lapon, le finnois proprement dit et l'esthonien), séparé du samoïède par la mer Blanche, forme de nouveau une branche détachée de la langue mère. Enfin, au milieu de langues d'origine indo-germaine, loin de toutes ses sœurs, nous voyons le magyare faisant partie du parler finnois de l'ouest (2).

« Cette langue s'étend donc de l'est à l'ouest, des bords de la mer du Japon jusque dans les environs de Vienne et Christiania, et du nord au midi, des bords de la mer Arctique jusqu'au sein du Thibet, jusqu'aux bords du lac Tenghrie (près de Lassa) en Afghainstan et jusqu'aux côtes méridionales de l'Asie-Mineure. »

Ce tableau nous indique les trois subdivisions de cette race de langues :

(1) *Ueber das altaische oder finnisch-tartarische Sprachengeschlecht.*
(2) Un célèbre voyageur du dernier siècle, le conseiller aulique russe, M. de Orlay (de naissance magyare), prétend avoir rencontré dans ses voyages dans les monts Caucases une peuplade appelée par les Russes : Uhritschi ou Ugritschi, parlant un dialecte congénère du magyare. D'autres voyageurs mentionnent un tel peuple entre les habitants des vallées des monts Ourals.

1° Les langues tartares ; 2° les langues turcomanes ; 3° les langues finnoises ou tchoudes. Cette dernière encore subdivisée en langues finnoises de l'est et langues finnoises de l'ouest.

II

La parenté indiscutable avec les langues finnoises ou tchoudes.

Déjà dans le dernier siècle des savants suédois et autres, comme Olaus Rudbequius (1), Strahlenberg (2), Jean Everard Fischer (3), Hell (4), Jean Sainovits (5), Ihre-Oehrling (6), Hager (7), ont constaté la parenté entre la langue magyare et les idiomes tchoudes. Ihre prétend même dans l'avant-propos de son glossaire que le célèbre philosophe allemand Leibnitz avait soutenu la même thèse. Même en Hongrie, nous rencontrons, vers la fin du dernier siècle, deux linguistes distingués combattant bravement l'opinion de plusieurs savants compatriotes qui prétendaient avoir trouvé une affinité entre le magyare et les langues orientales plus particulièrement sémitiques. Les œuvres estimables de Sainovits et

(1) *Specimen usus linguæ gothicæ.* Upsala, 1717.
(2) *Beschreibung des russischen Reiches.* Stockholm, 1730.
(3) *Quæst. Petropol.*
(4) Astronome viennois envoyé en Laponie, 1764.
(5) *Demonstratio idioma Ungarorum et Lapponum idem esse.* Tyrnavia, 1770.
(6) *Disp. de convenientia linguæ Lapponicæ cum Hungaricæ.* Upsala, 1777. *Gothischer Glossar.* Upsola, 1769.
(7) *Neue Beweise der Verwandtschaft der Ungarn mit den Lapplændern.* Wien, 1794.

Gyarmathy (1) auraient pu rendre d'excellents services aux philologues qui venaient après eux, et sont encore aujourd'hui d'une utilité incontestable pour celui qui travaille dans le même sens. En Hongrie c'était malheureusement peine perdue. Le peuple se souciait peu d'une parenté possible avec les Lapons aux cheveux roux ou les Finnois qu'on ne connaissait que de ouï-dire, et il savait gré à ceux qui s'efforçaient de combattre ces idées en cherchant une plus noble souche, une origine antique perdue dans la nuit des siècles. D'autres peuples ont eu la même faiblesse. Nous remarquons déjà chez les Grecs et chez les Romains une tendance prononcée à reculer leur origine plus loin que tous les documents, que toutes les traditions, et à chercher des contes fantaisistes pour satisfaire leur vanité nationale. Entre les peuples modernes nous voyons le même spectacle; le peuple magyare n'est donc pas le seul qui soit tombé dans une si grosse erreur. Il est à regretter que ce préjugé national ait même aveuglé le plus grand philologue hongrois Révay qui ne voulait pas même admettre la possibilité d'une parenté entre les langues finnoises et son idiome natal. Mais bientôt on découvrit l'antique sanscrit et son affinité indiscutable avec presque toutes les langues modernes; la question sur l'origine du magyare intrigua de plus en plus tous les savants de l'Europe, et il fallait bien que la lumière se fît aussi dans ce petit coin obscur de la science philologique. Schott prouva le premier l'affinité entre les langues altaïques; Boller (2), plus explicite encore, fit

----

(1) *Affinitas linguæ hungaricæ cum linguis fennicæ originis gramatice demonstrata.* Gœttingæ, 1779.

(2) *Die finnischen Sprachen.* [Sitzungsbericht der Kais. Akademie der Wissenschaften.* Iahrgang, 1853, 1854, 1855.

des cours remarquables sur le même sujet, et Hunfalvi (1) fut le premier en Hongrie qui montra le chemin à tous les linguistes à venir. Infatigable de sa nature, ce dernier écrivain rédigea pendant plusieurs années des publications mensuelles (2) qui, attirant petit à petit des collaborateurs zélés et inspirés, inaugurèrent une ère nouvelle pour l'histoire philologique de cette langue. C'est à lui et au savant grammairien Anselm Mansvet Riedl (3) que sont dus pour la plus grande partie les beaux résultats acquis jusqu'à ce jour.

(1) *Tajékozas a magyar nyelvtudomanyban.* Pesten, 1852, et *Magyar Akademiai Ertesitœ*, 1852-55.

(2) *Magyar Nyelvészet szerkeszeti.* Hunfalvy Pál. Pest., 1855-57.

(3) A. M. Riedl est l'auteur de la meilleure et de la plus complète grammaire philologique de la langue magyare.

III

La langue magyare comparée aux langues d'une même origine.

Nous avons dit dans notre premier chapitre que les langues touraniennes se subdivisaient en trois classes : tartares, turcomanes (turques) et finnoises, et nous avons ajouté que l'idiome magyare appartenait à cette dernière classe finnoise ou tchoude, aussi ouralienne. Schott (1) est du même avis, ainsi que Boller dans ses recherches approfondies, tandis que Hunfalvi donne au magyare une position intermédiaire entre les langues finnoises et les langues turcomanes (turques). Castrén, traitant des terminaisons qui tiennent lieu du pronom dans tes langues tougouses, bouriætes, mogoles, turques, samoïèdes et finnoises, joint le magyare à la dernière langue. Toutes ces suppositions ne sont pas encore arrivées à la certitude, mais nous ne croyons pas nous tromper en soutenant que le magyare, comme langue touranienne, compte parmi la subdivision des langues tchoudes ou finnoises. A l'appui de cela nous allons citer les observations faites par A. M. Riedl, qui sont aussi approfondies qu'irréfutables. La place de la racine dans les mots dérivés, son

(1) *Ueber das Zahlwort in der tschudischen Sprachenclasse, wie auch im ürkischen, tungusischen und mongolischen.*

2

inflexibilité, l'harmonie des voyelles, les règles sur les terminaisons, etc., sont communs à toutes les langues altaïques; au contraire, l'accentuation des langues tartares, turques, tcheremisses, etc., diffère essentiellement de celle des langues finnoises et de l'idiome magyare en particulier. Le changement du son résultant de l'influence de l'accent tonique rapproche sensiblement le magyare du lapon, tandis que d'autres apparitions phonétiques, par exemple l'accentuation de la lettre *l* dans des cas précis, l'altération des racines dans plusieurs formes et leur retour à la forme primitive devant d'autres suffixes se trouve identiquement dans le zirényen. La terminaison des racines par une voyelle se trouve encore dans le finnois, tandis qu'elle s'est perdue dans le magyare et dans les autres langues parentes. Les consonnes magyares se rapprochent de celles des Ostiaks; ses consonnes adoucies se retrouvent dans les langues finnoises de l'est, et elles sont étrangères au finnois de l'ouest. La langue finnoise aime l'hiatus, le magyare unit aussi régulièrement les diphtongues en les réduisant à un seul son; la langue finnoise a un cachet caractéristique qui vient des voyelles; le magyare, un cachet caractéristique provenant des consonnes; les préfixes enfin étrangers à toutes ces langues sont une propriété toute particulière du magyare (1). Quant aux suffixes, le magyare a autant de rapport avec le turc qu'avec le tchoude ou finnois et incline presque plus vers le turc, même vers le mongol. La division de la conjugaison en deux formes est aussi particulière au magyare, quoiqu'on trouve quelque chose d'analogue dans la langue des Morduins (Morduines, Morduans).

(1) Les préfixes sont même une innovation; l'ancien magyare n'en possédait pas.

Aussi bien, ajoute finalement A.-M. Riedl, qu'entre les langues indo-germaines le sanscrit sert d'aimant (1), le finnois peut être considéré comme centre, comme point de départ pour les langues touraniennes. Le finnois et le magyare sont les seules langues de cette souche qui possèdent une riche littérature, empreinte de la civilisation; nous faisons abstraction du turc trop anéanti par les influences limitrophes. Le Finnois jouissait encore d'un grand avantage sur le Magyare, grâce à sa position géographique vraiment exceptionnelle. Comme dit Kellgren, cette langue, protégée par la position de son pays, au sein de ses forêts vierges et au bord de ses lacs solitaires, entretenue par les chants sacrés de ses pères, pouvait facilement garder son originalité et développer à son gré sa riche organisation. Ce qui prouve jusqu'à l'évidence quelle est l'importance du finnois comparativement aux langues touraniennes et par cela même vis-à-vis du magyare.

Il y a là encore une particularité que nous voulons mentionner. Les racines dans la langue finnoise sont toutes à deux syllabes, tandis qu'elles sont monosyllabiques dans le magyare (2). Ne voyons-nous pas là une analogie rappelant celle qui existe entre le latin et le français. Une tendance prononcée pour ainsi dire, que possède chaque langue moderne vers l'abréviation. Aussi dans les dialectes magyares, — il y a surtout un dialecte, celui des Palocs, qui possède son poète de génie,

---

(1) Le sanscrit est la seule langue parmis les langues indo-germaines dans laquelle la racine, détachée du corps du mot, a une signification toute précise.
(2) *Hid* en finois *silta.*

Ir	—	*kirjaa.*
Tilt	—	*kielto.*
Nyir	—	*nivara.*

Lisznai, comme le Provençal en France s'honore de son
Mistral, — on voit les vieilles formes et on peut observer,
ainsi que dans les incunables (une oraison funèbre datant
du xII^e siècle ; une traduction de la Bible du xve siècle et
la légende de sainte Marguerite du commencement du
xvI^e siècle), que les préfixes ne sont qu'une innovation moderne et que les racines sont bien plus longues, les
conjugaisons des verbes bien plus ressemblantes aux
langues finnoises que maintenant (1).

Qu'il nous soit permis d'énumérer quelques ressemblances saillantes entre le magyare et les langues finnoises
de l'ouest.

La terminaison des adjectifs déterminatifs en lapon
es se trouve également en magyare, ainsi que la terminaison des substantifs *wouot* ressemble à la terminaison magyare *at*. Il est incontestable que ces deux terminaisons *es* et *at* appartiennent à plusieurs langues :
leur ressemblance pourrait donc être fortuite. Mais la
terminaison *em* est commune au lapon et au magyare ;
le *meng* ou *ming* hongrois, chez les Esthoniens *minne*
pour des substantifs dérivés ; enfin le diminutif *ke*, le
même chez les Hongrois et chez les Esthoniens parais-
sent témoigner en faveur d'une communauté d'origine.
Le *k* de la formation du pluriel est le même pour le finnois et le magyare ; chez les Basques, *c*, qui a toujours
le son du *k ;* dans l'une et l'autre langue on ajoute aux
noms les adverbes interrogatifs et les pronoms possessifs. Cependant le son de ces suffixes n'est pas toujours

(1) Dans l'oraison funèbre, nous rencontrons beaucoup de racines de
verbe sans aucun préfixe. Dans les impératifs p. e. *morieris*, autrefois :
holz, aujourd'hui : *meghalsz; indulgeat*, a : *bulcsassa*, ah : *megbocsassa;*
liberet, a : *zoboduchd*, ah : *meg-*ou *kiszabaditsa*. Le préfixe du superlatif
leg n'existait pas encore au xve siècle. Les mots d'aujourd'hui : *hi, vi,*
ri, i-nni, dans la traduction de la Bible encore : *hio, vio, rio, in-ni*.

le même, excepté celui des pronoms possessifs. Pour la première personne, on ajoute dans les deux langues *am* ou *n;* pour la seconde *ad* ou *a* (la troisième diffère). La seconde du pluriel ajoute *tok* et les autres un *k*. Le *k*, qui se trouve être en magyare la désinnence de toutes les personnes du pluriel, se rencontre également dans le lapon-norwégien à la 3ᵉ personne du pluriel du présent de l'indicatif et à la 1ʳᵉ et 2ᵉ personne du pluriel de l'imparfait de l'indicatif.

Le verbe déterminatif magyare prend à sa première personne du singulier du présent de l'indicatif *m*, à sa 2ᵉ *d* comme en esthonien. Entre le verbe lapon devenir et le même verbe magyare qui s'emploie souvent aussi comme verbe défectif on trouve cette ressemblance que la racine de tous les deux étant *le*, ils forment leur impératif en *legy* (d'après d'autres en lapon *lage*). Le verbe magyare forme de lui-même outre le présent encore deux prétérits et le plus-que-parfait avec l'auxiliaire être et ne possède point d'habitude de futur et emploie pour ce temps comme dans le finnois et dans l'esthonien le présent de l'indicatif.

La construction de la phrase a beaucoup de rapports dans ces deux langues. Ainsi, par exemple, l'infinitif composé du verbe et du pronom suffixe : *je dois*, se dit : *Il faut à moi*. La circonlocution pour rendre le verbe *avoir* pour lequel il n'existe pas de mot propre, se rend par *mihi est* (*nekem van: à moi est*). Aussi, beaucoup de proverbes esthoniens et magyares sont les mêmes. Encore plus grande est la ressemblance entre les pronoms interrogatifs :

	Magyare.	Lapon.	Finnois.	Esthonien.
Quoi :	*mi,*	*mi,*	*mika,*	*mis* ou *mes.*
Qui :	*ki,*	*ki,*	*kuka,*	*ke* ou *kes.*

La formation du comparatif est identiquement la même dans les deux langues magyares et laponnes. On ajoute deux *b* au positif. Le nombre lapon deux *kuahte* se dit en magyare *ketto*. Le *d* lapon à la fin des nombres ordinaux et fractionnaires se trouve aussi en magyare, seulement dans cette dernière langue on forme les ordinaux des fractionnaires, tandis qu'en lapon c'est l'inverse qui a lieu.

Il est encore à remarquer que les radicaux des deux langues ne commencent jamais par deux consonnes.

Quant à l'objection que les radicaux magyares sont presque tous monosyllabiques, tandis que ceux des Finnois tendent tous à avoir deux ou plusieurs syllabes, nous l'avons prévu et déjà combattu au commencement de ce chapitre. Mais en consultant les incunables magyares, entre autres l'oraison funèbre, nous y trouvons une quantité de mots ayant des terminaisons en *a*, *e* et *i* qui ont disparu dans la langue d'aujourd'hui et qui faisaient à ce moment partie inhérente de la racine. Quelques exemples tirés de l'Oraison funèbre suffiront pour démontrer l'exactitude de ce que nous venons d'avancer.

Mige, aujourd'hui (ah.) *meg; ise*, père, ah., *ös*, aïeul (1), *zulta*, ah., *zsolt; obada*, ah., *abád; été*, ah., *ét; zerenche*, ah., *szerencs; sápi*, ah., *sáp; sári*, ah., *sár; rabuca*, ah., *rabca; zobolsu*, ah., *szabolcs; zerenchu*, ah., *szerencs; zuardu*, ah., *szoárd; pakoztu*, ah., *pakozd; surcusar*, ah., *soroksár; lelu*, ah., *lél: satorhalmu*, ah., *sátorhalom; turu*, ah., *túr; saru*, ah., *sár; tasu*, ah., *tás; borsu*, ah., *bors; aloma*, le songe, ah., *alm, álom; zerelmu*, l'amour, ah., *szerelem*.

Nous rencontrons encore de pareilles terminaisons

(1) Isä, père, chez les Lapons.

dans beaucoup de compositions de mots. Kellgrén, s'appuyant sur des démonstrations analogues faites par les célèbres grammairiens allemands Grimm et Heyse, a démontré jusqu'à l'évidence que la voyelle *unissante* dans beaucoup de mots composés n'est nullement une invention de l'euphonie comme on l'a cru longtemps, mais tout simplement une terminaison de racine rejetée avec le temps dans le mot simple. Nous trouvons des phénomènes analogues dans les langues congénères p. e. Le sel, en finnois *suola*, en zirényen : *soo*, en magyare *só* (1). Dans les différents cas, en finnois, tantôt *solán*, tantôt *solá*. Castrén est du même avis, et A.-M. Riedl va plus loin encore , et, érigeant ses précieuses expériences en règle, dit : « *Le nominatif ne se rapproche pas toujours le plus du radical, au contraire, souvent il faut chercher sous une autre forme, surtout sous les formes suivies des suffixes possessifs, cette plus grande ressemblance avec la racine.* »

Ce qui rend la comparaison entre le magyare et les langues parentes encore plus difficiles, c'est que le finnois ainsi que le mongol n'ont pas de *b, g, d*, et le finnois est même forcé de remplacer l'*f* que le mongol possède par *v*. Mais en suivant le système de la mutation successive des consonnes que A.-M. Riedl nous explique si parfaitement dans sa grammaire philologique en comparant le finnois et les langues congénères aux incunables magyares, et puis au magyare d'aujourd'hui, nous serons bien plus à même de trouver beaucoup de mots magyares d'origine finnoise. Ces mutations sont souvent

(1) Le finnois a une tendance telle vers deux syllabes dans ces plus simples racines qu'il a fait de l'allemand : *Rath raati,* conseil ; de sack, *sakki,* poche.

(2) *Chute trochaïque.*

les plus étranges, et elles sont trop nombreuses pour les énumérer toutes.

Les plus saillantes sont, par exemple :

K=ch=h, finnois, *kolme*. Oraison funèbre (*o. f.*), *charm*, ah., *három*, trois ; finn., *kuolo*, o. f., *chol-ta*, ah., *holt*, mort ; finn., *kurku*, o. f., *turch.*, ah., *torok*, la gorge ; en slave, *chyba*, magyare, *hiba*, la faute ; slave, *rucho*, magyare, *ruha*, habit ; slave, *cech*, magyare, *ceh*, corporation ; allemand, *Blech*, magyare, *pléh*, fer-blanc ; allemand, *Michael*, magyare, *mihály*, etc.

Le signe de l'impératif était, dans l'Oraison funèbre, *ch.*, *zoboducha.*, qu'il affranchit ; dans la traduction de la Bible, ce *ch* devient *h* tout court, par exemple, *sege-h*. Tandis que aujourd'hui c'est un *j*. Ce qui prouve que *h = j*.

D'ailleurs, nous voyons dans beaucoup de mots des analogies : *fehér* ou *fejér*, blanc ; *tehén* ou *tején*, vache, etc.

L'*ng*, un son guttural-nasal, se rencontre aussi dans la langue laponne et dans l'*ostiak*, donc : *n = ng = k*, par exemple : en lapon, *pane* ; en zirényen, *pinj* ; en ostiak, *penk* ; magyare, *fog*, la dent ; lapon, *manga*, magyare, *mögé*, derrière ; ostiak, *sunk*, magyare, *zúg*, coin ; ostiak, *jeng*, magyare, *jég*, glace ; allemand, *Quentchen*, magyare, *kónting* (un poids), *Buchsbaum*, magyare, *pusz*, *páng*, etc., *j = gy*.

Finnois : *jalka*, pied ; magyare, *gyalog*, à pied ; dans la langue même, *jön* ou *gyön* ; *jer* eu *gyer*, il vient, viens, etc.

Il sera facile de voir dans les mots suivants la mutation successive des consonnes qui devient souvent un véritable déplacement des consonnes, et en nous rappelant que le finnois ne possède ni *b*, ni, *g*, ni *d*, ni *f* proprement dit, nous découvrirons sans doute l'identité de ces mots.

Ainsi le *p, k* et *t* magyares répondent souvent aux *b, g* et *d* finnois, par exemple, finnois (f.), *porras,* magyare (m.), *bürü*; f., *papu,* m., *bab,* haricot; f., *pukki,* m., *bak,* bouc; f., *poki,* m., *bük,* hêtre; f., *hapain,* m., *savanyu,* aigre; f., *kupo,* m., *kéve,* gerbe; f., *tupa,* m., *szoba,* chambre; f., *pöksä,* m., *visko,* chaumière; f., *varpulainen,* m., *veréb,* moineau; f., *tynys,* m., *diszno,* porc; f., *täty,* m., *tüdö,* poumon; f., *autu,* m., *üdv,* salut; f., *etelä,* m., *dél,* midi; f., *silta,* m., *hid,* pont; f., *taito,* m., *tudás,* savoir; f., *ikeen,* m., *iga,* joug; f., *jalka,* m., *gyalog,* à pied; f., *kaatio,* m., *gatya,* caleçon; f., *koju,* m., *gunyho,* chaume; f., *myrkky,* m., *méreg,* poison; f., *mäki,* colline, m., *megye* (subdivision administrative), etc. (1).

Souvent le *k, g, d, t, b, p* finnois répondent aux *h, j, s, zs, sz, z, f, v* magyares. Par exemple, f., *paju,* m., *füz,* saul; f., *pakkainen,* m., *fagy,* consolation; f., *pala,* m., *falat,* bouchée; f., *peitet,* m., *födél,* toit; f., *pelko.* m., *félelem,* peur; f., *pesä,* m., *fészek,* nid; f., *pilvi,* m., *felhö,* nuage; f., *poika,* m., *fiu,* fils; f., *pmi,* m., *fa,* bois; f., *pää,* m., *fö,* tête; f., *pääsky.* m., *fecske,* hirondelle; f., *veto,* m., *vezetés,* mené; f., *tipu,* m., *csöpp,* goutte; f., *kala,* m., *hal,* poisson; f., *kallis,* m., *halom,* colline; f., *kosio,* m., *hös,* héros; f., *kota,* m., *ház.* maison; f., *kuu,* m., *ho,* mois; f., *kuullo,* m., *hallás,* l'ouïe, etc. (1).

(1) Voir *grammaire philologique de la langue magyare,* par A.-M. Riedl.
(2) Voir *grammaire philologique de la langue magyare,* par A.-M. Riedl. Vienne, 1858.

II

Le magyare comparé aux langues indo-germaines.

Toutes les langues d'une souche arienne sont des langues flexibles, tandis qu'il y a des savants qui discutent cette même particularité quand on parle des idiomes d'origine touranienne-altaïque.

Avant tout, nous allons citer l'opinion des plus célèbres linguistes sur ce sujet ; nous nous réservons toutefois le droit de juger en dernière instance cette question épineuse. Le savant Kellgrén dit à ce sujet : Un linguiste compétent, Schott (1), prétend que les langues de la Haute-Asie, entre lesquelles il compte à juste titre le finnois, le magyare, ne sont susceptibles d'aucune flexion (déclinaison), vu que la racine des mots dans ces langues ne supporte pas de particule formative servant d'augment, ni de terminaison grammaticale modifiant le radical même, qu'on y observe plutôt une adhésion au lieu d'une véritable cohésion. Il est sans doute avéré qu'un grand nombre de langues ouralienne-altaïques ne sont pas arrivées à ce que nous appelons déclinaisons, fléxion ou cohésion. Car, où l'esprit n'a pas la force, l'essor nécessaire pour former et unir les pensées librement, avec audace,

(1) *Versuch über die tartarischen Sprachen.*

il manque aussi à la langue l'aptitude de fondre les racines des mots avec les suffixes relatifs. Mais pourrait-on
en dire autant de toutes ces langues? Nous y répondrons
par un démenti formel. Les langues magyares, finnoises,
osmanli-turques, et en partie même la langue mogole,
nous présentent un organisme pénétré de flexibilité, de
manière qu'on ne peut pas leur contester la dénomination de langue flexible ; la langue finnoise n'est surpas-
sée sous ce rapport par aucune langue du monde, et si
on pouvait lui reprocher un défaut, ce ne serait que d'a-
voir trop prodigué le principe de la flexion. En suppo-
sant que le finnois et le magyare soient les plus parfaites
entre ces langues, ce n'est nullement une preuve qu'ils
se soient le plus assimilés avec les langues européennes,
ce n'est qu'une preuve évidente que le principe sus-
mentionné, appartenant à toute la famille, a pu le plus se
développer chez eux. L'aisance, dans ce cas, est donc le
fruit du développement avancé, et non pas le résultat
d'une inconséquence.

Nous ajouterons à ces paroles éloquentes et persua-
sives que l'objection que Kellgrén prévoit et réduit à
sa juste valeur pourrait atteindre la langue magyare,
entourée de tant d'autres langues plus ou moins parfaites, mais jamais le finnois qui, grâce à sa position
géographique exceptionnelle, a pu se developper et
se perfectionner sans l'influence d'aucune langue sur
son organisation. Scleicher (1), un autre savant, suit au
contraire l'exemple de W. Humboldt, et subdivise les
langues en *monosyllabique, agglutinantes* et *flexibles*, et
compte les langues altaïques dans la seconde catégorie.
Si Kellgrén prétend, vis-à-vis de Schott, que le finnois,

<hr>

(1) *Sprachen Europas.*

le magyare, l'osmanli-turc, et même en partie le mogol sont des langues flexibles, il s'induit pour ainsi dire volontairement en erreur, car il s'imagine, ou fait semblant de s'imaginer, qu'une réunion intime du radical avec le suffixe suffirait pour donner à un idiome le caractère d'une langue flexible. On ne peut pas méconnaître qu'il ne se trouve dans cette union intime une tendance de flexion, mais tant que l'intérieur de la racine reste inaltérable, il ne peut être question d'une flexion proprement dite. Cette union intime n'est donc qu'une suite des lois phonétiques de l'assimilation, mais non pas un effet d'une tendance spontanée vers la flexion. Il est loin de nous de vouloir faire un reproche à ces idiomes en les appelant agglutinants, car une pareille langue agglutinante, développée, vitale et pénétrée d'une sève abondante, est certainement au-dessus de nos langues flexibles, si souvent stériles et peu portées à la perfection. D'ailleurs, la loi des harmonies phonétiques exige un organisme de langue non flexible se basant sur l'inaltération de la voyelle du radical, qui protége la racine de suffixes innombrables et lourds voulant l'écraser sous leur poids. *Dans les langues agglutinantes, le radical exerce une influence sur la voyelle des suffixes, tandis que dans les langues flexibles, ce sont les suffixes qui influent sur la voyelle du radical.*

Ce n'est point l'opinion de Boller, qui prétend que les langues finnoises sont des langues déclinables; il s'exprime là-dessus de la manière suivante : « On ne veut pas admettre que les langnes non flexibles possèdent une déclinaison et une conjugaison, et on veut remplacer la première par la dénomination générale, *Théorie des signes casuels*. D'après mon opinion, on a tort. Il faudrait

donc exclure avant tout la langue copte, qui ne possède
pas même l'apparence d'une flexion casuelle et qu'on a
introduite quand même, toutefois par une arrière-porte,
dans la noble société des langues flexibles. Si, au contraire, la déclinaison n'est pas le signe essentiel de la
flexion, on peut bien parler de la première où tout porte
à croire qu'on ne pourra pas trouver la seconde.

Pour restreindre les déclinaisons sur les langues flexibles, il faudrait trouver un criterium qui tracerait con-
sciencieusement la ligne de démarcation entre ce que
nous appelons les déclinaisons des langues flexibles et
les signes casuels des langues soi-disant agglutinantes,
ce qui n'a pas réussi jusqu'à ce jour. On essaie de se
rapporter à une antithèse fondamentale qui existe entre
un développement intérieur et une accolation fortuite
produite par des moyens mécaniques et extérieurs. Mais
on ne parvient pas à altérér la théorie érigée en fait par
Bopp, et plus récemment par Pott, que les signes des
cas obliques ne sont pas autre chose que des prépositions ou plus correctement des postpositions qui se sont
conservées dans le matériel organique des langues, tantôt indépendantes, tantôt unies à d'autres mots, ce qu'on
peut prouver à chaque instant. Dès qu'il faut accorder
aux éléments formatifs de la déclinaison une importance
absolue, on ne peut plus se contenter comme pis-aller
d'une union organique. Car si on entend par cette union
organique une unité circonscrite et régie par l'accent,
alors aucune personne compétente ne pourra contester
cette particularité aux langues finnoises de l'ouest, qui
s'exprime si visiblement chez elles dans l'harmonie des
voyelles et le rhythme des syllabes, et Kellgrén a donc
parfaitement raison de compter le finnois entre les lan-

gues flexibles. Si on voulait faire ressortir que les langues flexibles désignent, outre les cas objectifs et attributifs, les moteurs de mouvements (datif, ablatif, locatif et instrumental) s'exprimant par l'altération du *nomen* lui-même, tandis que les relations d'espace s'interprêtent par des prépositions isolées (devant, derrière, dessus, dessous, dedans, dehors, près, à), alors non-seulement le grand nombre de cas dans différentes langues, mais aussi la circonstance que plusieurs prépositions s'unissent aux mots munis déjà de l'affixe casuel par *l'acclise*, donnent un démenti formel à cette étrange théorie.

Même la position isolée que l'affixe occupe vis-à-vis des marques du pluriel et des distinctions personnelles trouve son pendant dans les formes indo-germaines : sanscrit *bhi-am, bhi-âm, bhi-as;* latin *b-us, b-is.* Les voix de tous ceux qui trouvent dans la déclinaison un signe caractéristique des langues flexibles se réunissent pour soutenir que les éléments des affixes casuels et des prépositions sont d'une nature abstraite et surtout pronominale.

Une pareille supposition soutenue d'une manière absolue n'est guère plus justifiable que toutes les hypothèses antérieures, car Pott ne nous a pas seulement prouvé la capacité substantielle des pronoms vis-à-vis des parties constitutives des prépositions, mais aussi peut-on éta-établir un parallèle entre ces éléments formatifs des langues flexibles et les langues agglutinantes (finnoises). La circonstance que des formes concrètes tel que : pää, chef, tête, s'emploie pour indiquer les proportions d'espace est si peu restreinte dans les limites des langues agglutinantes (finnoises), qu'on trouvera à peine une seule langue qui n'eût des vestiges de cette compréhension subjective.

En enlevant la ligne de démarcation, l'unité des principes sur laquelle repose l'expression grammaticale des proportions se découvre de suite, et le total des exposants employés ou signes casuels représente une chaîne qui, commençant par un rapprochement mécanique, se termine par l'absorbtion entière et l'assimilation dans le mot substantiel. Si toutefois cette dernière observation ne se rapporte qu'aux langues les mieux organisées, il est pourtant difficile de trouver une limite qui séparerait les anneaux de cette chaîne. On rencontre dans ces langues dont l'organisme est plus avancé, à côté de procédés de formations plus élevés, aussi des répétitions sortant de catégories inférieures, de même qu'on rencontre dans les langues indo-germaines des prépositions isolées, des postpositions enclitiques et des affixes casuels dans le sens plus restreint.

A.-M. Riedl se berce de l'espoir que l'étude des langues agglutinantes fera disparaître à fur et à mesure de ses progrès la ligne de démarcation qui les sépare des langues flexibles. Nous sommes même convaincus que cette barrière sera inévitablement enlevée par le rapprochement sensible des deux écoles, qui, poursuivant le même but, ne se laisseront pas arrêter par des difficultés aussi peu sérieuses.

V

Dialectes du magyare, influence des langues limitrophes sur le magyare.

Il y a des linguistes qui ont prétendu que la langue magyare n'avait pas de dialectes. C'est une grave erreur. Non-seulement il existe de différents dialectes en hongrois, mais aussi ces dialectes sont appelés à jouer un rôle important dans toutes les appréciations sur la langue même par leur rapprochement plus ou moins prononcé vers la langue antique. Dans la Haute-Hongrie, le parler diffère bien sensiblement de celui de la Basse-Hongrie. Personne ne contestera les nuances qui existent entre le normand et le marseillais, entre le castillan et l'andalous, et l'érudit hongrois Toldy a même décomposé la langue de sa patrie en treize dialectes bien distincts. Entre ces subdivisions, nous n'en mentionnerons que deux. La langue des *Székelys* en Transylvanie, peu euphonique parce que ces Magyares de l'extrême Est ont une manière détestable de traîner les syllabes (1). Bien plus impor-

---

(1) Les *Szekelys* sont un rameau de la race magyare sur l'origine duquel existent les versions les plus contradictoires. D'après quelques-uns (Toldy, p. e.), ce serait les derniers débris des Huns restés dans le pays; d'après d'autres les restes d'une race tartare, et d'après d'autres encore tout simplement des magyares laissés dans le pays pour surveiller les frontières de l'Est pendant que leurs compatriotes parcouraient les vallées du Danube et l'Allemagne centrale. Cette dernière version nous paraît la plus vraisemblable.

tant pour l'histoire philologique de la langue même est le parler des *Palocs* (2) qui, par ses longueurs, se rapproche sensiblement de la langue primitive, preuve : les incunables. Dans cette langue, l'*á* (longue) est souvent précédé d'un *u* (ou); par exemple *vár*, *vuár*, le château ; *bátya*, *buátya*, le frère aîné. La même habitude règne quant à l'*ó* (longue) ; par exemple, *só*, *suó*, le sel ; *tót*, *tuót*, le slave ; *szó*, *szuó*, le mot.

Et ainsi de suite.

Grande a été l'influence exercée par les langues limitrophes sur le magyare. Abstraction faite que la tournure de phrases s'en est souvent ressentie, mais aussi beaucoup de mots magyares sont d'une origine étrangère. Il serait bien difficile de préciser le moment où cette influence a commencé, mais Toldy a sans doute raison quand il soutient que les langues de l'Asie limitrophes de l'Europe, ainsi que celles des peuples qui habitaient le midi et le centre de la Russie vers la fin du dernier millésime, ont eu une influence notoire sur la langue magyare avant l'influence exercée par les idiomes latins, germains, turcs et slaves. Nous citerons ici un certain nombre de mots dérivés du germain et du slave, du latin et même du français.

Quelques mots magyares dérivés du germain :

Ajto, Thüre, porte (en parler souab, *etter*); *arat, Aernte,* récolte ; *abrak, Hafer* (en slave, *obrok*), avoine ; *borbély, Barbier*, barbier; *bútsú, Busse*, pénitence; *borosta, Bürste,* brosse ; *drót, Draht*, fil de fer ; *font, Pfund,* livre ; *friss, frisch*, frais; *föld, Feld*, champ ; *gyémánt, Diamant*, diamant; *goromba, grob*, grossier; *gyilk, gyilok, Dolch* (dans l'ancien magyare, *gyolk*), poignard; *gesztenye, Kastanie*, châtaigne; *istráng, Strang*, traits; *istállo, Stall*, écurie; *istáp, Stab*, baguette; *kurta, kurz*, court; *lusta, faul, lass*, paresseux; *lassan, langsam*, lentement; *komor, Kummer*, chagrin; *krumpli, Kartoffel, Grundbirn*, pomme de terre; *lyuk, lik, Loch*, trou; *mozsár, Mörser*, pilon; *major, Maier*, métayer; *ökör, Ochs*, bœuf; *plajbász, Bleiweiss*, crayon; *piascz, Platz*, place; *pellengér, Pranger*, carcan; *puszpáng, Buchsbaum*, buis; *rozsda, Rost*, rouille; *saláta, Salad*, salade; *rettek, Rettich*, radis; *sinor, Schnur*, ganse; *sróf, Schraube*, vice; *tánc, Tanz*, danse; *torony, Thurm*, tour; *tenglitz, Stieglitz*, chardonneret; *cél, Ziel*, but; *vandorlani, wandern*, voyager; *ház, Haus*, maison; *vér, Blut* (chez les chasseurs, *Verch* (couleur), *viz, Wasser*, eau; ainsi de suite.

Quelques mots magyares dérivés du slave :

Borotva, britva rasoir; *vacsora, vecera*, souper; *ebéd, obed*, dîner; *ecet, ocet*, vinaigre; *asztal, stul*, table; *udvar, dvur*, cour; *barát, brat*, ami; *veréb, vrabec*, moineau; *király, kral*, roi: *kalász, klas*, gerbe; *kulcs, kluč*, clef; *szalma, slama*, paille; *szolga, sluha*, domestique; *szilva, siva*, prune; *szabad, svoboda*, libre; *unoka, vunk*, nièce; *olasz, vlach*, italien; *orvos, vrac* (ancien slave), médecin; *ország, ruság* (ancien slave), pays; *szerda, sreda*, mercredi; *csöstörtök, čtvotok*, jeudi; *péntek, patek*, vendredi; *szombat, sobota*, samedi; ainsi de suite.

Quelques mots dérivés du latin :

Szarvas, cervus, cerf; *lentse, lens*, lentille; *len, linnum*, lin; *szent, sanctus*, saint; *falu, villa*, village; *csillag, stella*, étoile; *ora, hora*, heure; *kert, hortus*, jardin; *férj, vir*, homme; *tégla, tegula*, brique; *sogor, socer*, beau-frère; *angolna, anguilla*, anguille; *almárium, armarium*, armoire ; *cseresznye, cerazum,* cerise ; *császár, Cæsar,* empereur ; *etcet, acetum,* vinaigre ; *fige, ficus,* figue ; *kurta, curtus,* court ; *márvány, marmor,* marbre ; ainsi de suite.

Quelques mots dérivés du français :

Acél, acier ; *arestalni,* arrêter ; *bárka,* barque ; *bokréta,* bouquet ; *bastya,* bastion ; *érsek,* archevêque ; *iskatulya,* chatouille ; *forint,* florin ; ainsi de suite.

Ajoutons encore que c'est à la langue latine que le magyare a emprunté son alphabet. Les anciens écrivains comme Turoczy, Zamoscius (Analecta) et Oláh (Attila), parlent de caractères magyares, et le mot *betü*, lettre, dérivant du mot *bot*, la baguette, *bed* chez les Ostiaks, en dit plus que les plus éloquents commentaires. Le magyare, possédant plus de quarante sons différents, a dû surmonter bien des difficultés avant de pouvoir adapter les caractères latins à ces nombreux sons. Les Magyares, ainsi que les anciens Slaves, ont choisi la réunion de plusieurs consonnes pour exprimer un seul son. Les Slaves modernes ont suppléé à ce défaut par des signes caractéristiques placés au-dessus des consonnes, et des célèbres écrivains, tel que Révay et Vörösmarty (1) ont tenté la même réforme dans leur idiome, malheureusement sans succès. Leurs efforts pour simplifier l'écriture devaient échouer en face de ce vieux pédant qui s'appelle *l'usage.*

(1) Dans ce chapitre comme dans les précédents, nous avons souvent consulté A.-M. Riedl, dans ce moment sans contredit le plus compétent philologue magyare.

VI

Quelques particularités du magyare et conclusion.

Finalement, quelques particularités de la langue magyare.

Les accents et les voyelles jouent un grand rôle dans la langue magyare. Les derniers se subdivisent en dures et douces, et cette subdivision est d'une influence capitale sur la grammaire entière, car les différents suffixes (et presque tous les pronoms et prépositions, etc., sont exprimés par des suffixes) s'emploient selon que le radical contient une voyelle douce ou dure.

La langue hongroise ainsi que le finnois ne distingue pas de genre, et l'article ne joue qu'un rôle fort secondaire (1), comme par exemple en anglais. Les déclinaisons sont également inconnues aux Magyares ; les flexions des cas consistent en particules qui se joignent au radical et se confondent plus ou moins avec lui sans toutefois jamais l'altérer.

Une autre particularité du hongrois est encore le manque absolu du verbe être (copula) dans les phrases où ce verbe sert à la liaison du sujet et de son attribut, absolument comme dans les langues sémitiques. Les pronoms

(1) On peut aller plus loin et prétendre que l'ancien magyare n'a pas dû avoir d'article du tout.

possessifs s'expriment par les suffixes ainsi qu'en turc, en persan, qui sont soumis aux mêmes règles que celles qui régissent les particules accollées aux substantifs.

Les verbes changent leur terminaison en passant de l'intransitif au transitif.

La langue magyare diffère aussi des autres idiomes européens par le manque presque absolu de prépositions. Ces prépositions sont ou des postpositions ou des suffixes comme dans plusieurs langues de l'Asie.

Le grand nombre de ses mots et postpositions indique suffisamment combien la langue magyare doit être concise et explicite.

« *Parmi les langues vivantes de l'Europe qui viennent de l'Asie,* dit un écrivain français, *la langue magyare est une des plus jeunes ; la séve de la vie physique y abonde, et aucune peut-être ne renferme dans son organisme moins d'éléments étrangers.* » Le génie de la langue hongroise est fidèlement caractérisé par ces paroles.

La richesse de ses mots et de ses expressions tient du prodige ; sa merveilleuse accentuation et la combinaison harmonieuse de ses voyelles lui prêtent un certain charme doux et mélancolique qui s'observe surtout dans les chants du peuple. Un fameux orientaliste a dit jadis qu'il n'y avait pas de langue prouvant lutter avec le magyare comme perfection de construction et comme sonorité.

Basé sur ce que nous avons dit dans les chapitres précédents, nous pouvons compter l'idiome magyare au nombre des langues finnoises ou tchoudes. Il n'est pas encore suffisamment démontré si cette langue dérive du finnois de l'ouest ou du finnois de l'est ; mais tout porte à croire que c'est de cette dernière branche de la race touranienne-altaïque que le magyare fait partie.

Les deux familles finnoises ou tchoudes se sont probablement séparées de très bonne heure ; une d'elles a quitté son domicile antique, les versants boisés du mont Oural et les riantes vallées de l'Obi pour émigrer vers l'ouest où elle a habité peut-être des siècles entiers, au centre de l'Europe, comme peuplade puissante, industrielle et civilisée. Les migrations suivantes ont forcé ce peuple de reculer vers le nord où, entouré de lacs limpides et de forêts vierges, il a trouvé un asile qui lui permettait de vivre à son goût et de développer sa riche langue.

Les dominations suédoises, ainsi que le pouvoir des Russes, n'a jamais été exercé que superficiellement en Finlande et n'a pu altérer ni les anciennes traditions ni la langue des aïeux. Même les Lapons et les Esthoniens, plus exposés que leurs frères, ont su conserver le cachet caractéristique de leur idiome, qui n'a subi que de légères modifications.

Les Finnois de l'est habitent encore aujourd'hui la demeure de leurs ancêtres. Les Magyares ont quitté vers la fin du viiie siècle, subitement, cette belle contrée où ils avaient mené une vie de chasseurs et de pâtres. Une vie guerrière s'est éveillée dans ce petit peuple et l'a pénétré d'une sauvage énergie. Il s'est répandu dans les plaines fertiles du Danube et du Theisz, pourchassant les paisibles habitants de ces contrées et pénétrant jusqu'au cœur de l'Allemagne, même jusqu'à Lyon, semblable à un fleuve impétueux qui a brisé ses digues et se répand en mugissant sur toute la civilisation environnante, la broyant impitoyablement. La langue parlée par ces barbares valeureux ne nous a pas été conservée dans toute son identité, mais les monuments de la première littérature, que nous avons appelés incunables, ainsi que les dialectes qui existent encore aujourd'hui, montrent jusqu'à l'évidence sa grande ressemblance avec le finnois. Les savants magyares parcourant les vallées du mont Oural, y ont trouvé des débris de peuples parlant un idiome semblable au magyare. Ce qui nous paraît bien plus vraisemblable que le conte du linguiste hongrois qui avait voyagé en Suède et qui prétendait avoir causé avec les paysans lapons sans les embarrasser ni pour les réponses, ni pour les explications. Il est certain que la langue magyare a subi d'importantes modifications dans le courant des siècles. Le séjour des Magyares au bord du Volga a dû introduire beaucoup de mots tartares dans leur langue, et plus tard la civilisation germaine ainsi que la domination turque ont eu une influence capitale, non-seulement sur la formation de beaucoup de nouveaux mots, mais aussi sur la grammaire, sur la construction organique de la langue. Toutefois la langue, dépouillée de ses éléments étrangers, qui sont d'ailleurs faciles à distinguer, a conservé toute son originalité et ses nombreuses analogies avec les langues finnoises ou tchoudes.

Et ce serait une bien mesquine vanité nationale que de vouloir nier quand même cette parenté qui saute aux yeux et qui n'a rien d'humiliant pour nous. Les anciens Finnois de l'Oural sont assurément d'aussi nobles aïeux que les Huns d'Attila et les Mongols de Gingis-Khan et de Tamerlan.

Versailles. — Impr. de E. Aubert, 6, avenue de Sceaux.